Pe. ADEMIR BERNARDELLI, C.Ss.R.

Novena de Santa Catarina

Direção editorial: Pe. Fábio Evaristo R. Silva, C.Ss.R.
Coordenação editorial: Ana Lúcia de Castro Leite
Revisão: Bruna Vieira da Silva
Diagramação e Capa: Mauricio Pereira

Textos bíblicos extraídos da Bíblia de Aparecida, Editora Santuário, 2006.

ISBN 85-7200-874-8

1ª impressão: 2003
6ª impressão

Todos os direitos reservados à **EDITORA SANTUÁRIO** – 2018

Rua Pe. Claro Monteiro, 342 – 12570-000 – Aparecida-SP
Tel.: 12 3104-2000 – Televendas: 0800 - 16 00 04
www.editorasantuario.com.br
vendas@editorasantuario.com.br

Santa Catarina de Alexandria

Catarina nasceu pelos fins do século III e morreu em 307 em Alexandria, uma cidade e porto do baixo Egito, fundada por Alexandre Magno, em 331 antes de Cristo.

Catarina era moça culta e pagã, sua mãe fazia todo esforço para que aderisse a Jesus Cristo, mas ela sempre resistia. Certa noite, em um sonho, teve uma revelação de um esposo que ela tanto procurava. Esse esposo que lhe foi apresentado no sonho era o Imperador da Glória, Jesus Cristo, mas para que Catarina se tornasse sua esposa era preciso que ela se fizesse cristã. Após seu batismo, rezando em seu quarto, o Senhor lhe apareceu. Em sinal de que a aceitava por esposa, colocou-lhe um anel verdadeiro no dedo e prometeu fazer por ela grandes coisas.

Catarina passou a dedicar seu tempo à contemplação, à oração, à leitura e meditação da Sagrada Escritura, especialmente dos textos dos Evangelhos.

Os príncipes da Cilícia ficaram desapontados. Acusaram Catarina de cristã ao Imperador Maxêncio, que deu ouvidos aos mensageiros dos príncipes.

O Imperador determinou que Catarina fosse vigiada secretamente. Certo dia, Maxêncio, ao som de trombetas, convocou os habitantes de Alexandria a se reunirem no templo dos deuses, a fim de oferecerem sacrifícios segundo suas posses: os ricos, touros e carneiros; os pobres imolariam pássaros.

Catarina foi colocada diante dos eruditos do reino para ser questionada, mas, ciente desse duelo intelectual, não se perturbou, confiou em Jesus Cristo. Apareceu-lhe o Arcanjo São Miguel e disse-lhe: "Não tenhas medo, Catarina! És agradável a Deus! Continua neste caminho. Jesus Cristo, amigo verdadeiro e fiel, te recompensará pelas lutas que travas por amor a Ele. Teus adversários serão tocados pela graça. Em breve tua provação chegará ao fim". Catarina falava com tanto amor da divindade eterna, do Criador do céu e da terra e da humanidade, do Verbo para a Redenção do mundo. Muitos, dentre o povo, se converteram a Cristo, ao ouvirem isso de Catarina.

Catarina foi condenada ao suplício da máquina com facas e pontas de ferro nas quatro grandes rodas que, ao se movimentarem em sentidos inversos umas das outras, despedaçariam o corpo colocado no meio delas. Enquanto a máquina era colocada na praça, Catarina permaneceu tranquila e rezou. Após sua oração, eis que um anjo, descendo do céu, quebrou a máquina com tal ímpeto que os pedaços se projetaram sobre os algozes. Alguns morreram atingidos pelos pedaços das rodas; e outros, pelo raio.

Maxêncio ordenou que fizessem Catarina sair de sua presença e que fosse imediatamente decapitada. Enquanto Catarina se apressava em direção ao lugar fixado para o martírio, viu a multidão que a seguia, e muitos choravam. Disse-lhes: "Se alguma piedade natural vos comove a meu respeito, peço-vos: alegrai-vos comigo, pois vejo nosso Senhor Jesus Cristo que me chama. Ele é a soberana recompensa dos santos, a beleza e a coroa das virgens".

Pediu ao carrasco que lhe desse tempo para orar. Após sua oração, Catarina disse ao carrasco, estendendo o pescoço: "Eis que Nosso Senhor Jesus Cristo me chama! Faze o que tens a fazer". O carrasco, de um só golpe, decepou-lhe a cabeça.

Ela é padroeira da juventude, das faculdades de filosofia, das escolas cristãs, dos fabricantes de carros e dos pobres. Sua festa é celebrada no dia 25 de novembro.

A Representação da Imagem de Santa Catarina

Partindo da antiquíssima representação da roda de seu martírio, que é o símbolo de Santa Catarina, estrutura-se o sinal de salvação, a cruz de Cristo, o centro do mundo que vence os tormentos. Essa cruz é ao mesmo tempo uma cruz de sofrimento e de triunfo, uma cruz do mundo esfacelado e sem paz, uma cruz que une as formas divergentes e agudas em uma síntese plena de paz, símbolo da comunidade que vive o projeto de Jesus Cristo. A palma que Santa Catarina traz em sua mão é a palma da vitória daqueles que foram eleitos e viveram uma vida de intensa intimidade com Deus. Dela também aprendemos a vencer os desafios do dia a dia.

Santa Catarina, rogai por nós!

Oração inicial

– **Em nome do Pai, do Filho e do Espírito Santo. Amém.**
– Ó Deus, nosso Pai, vós quereis que bendigamos e glorifiquemos vossos santos, com os quais, cheio de clemência e de amor, repartistes os tesouros de vossa bondade e misericórdia. Humildes e confiantes estamos em vossa presença e, durante esta novena em honra de Santa Catarina, vos pedimos a graça que tanto necessitamos. Dai-nos, também, a graça de levarmos uma vida de acordo com vossa vontade. Livrai-nos de todo pecado e fazei-nos zelosos na prática do bem. Permanecei conosco em todas as tentações, e recebei favoravelmente estes nossos pedidos durante esta novena.
(Rezar o Creio)
– Espírito Santo, Deus de amor, concede-me uma inteligência que te conheça, uma angústia que te procure, uma sabedoria que te encontre, uma vida que te agrade, uma perseverança que, enfim, te possua. Amém.
(Rezar o Glória ao Pai)

Ladainha e oração final

Senhor, **tende piedade de nós**.
Jesus Cristo,
Senhor,
Jesus Cristo, **ouvi-nos**.
Jesus Cristo, **atendei-nos**.
Pai celeste, que sois Deus, **tende piedade de nós**.
Filho, redentor do mundo, que sois Deus,
Espírito Santo, que sois Deus,
Santíssima Trindade, que sois um só Deus,
Santa Maria, **rogai por nós**.
Santa Catarina, seduzida de amor divino,
Discípula escolhida de Jesus Cristo,
Virgem forte na fé,
Virgem firme na esperança,
Virgem agraciada no amor,
Flor dos mártires, **rogai por nós**.
Conhecedora dos valores do Reino,
Nosso modelo e nossa advogada,
Nosso auxílio nas necessidades,
Sede-nos propício, **perdoai-nos, Senhor**.
Sede-nos propício, **ouvi-nos, Senhor**.
De todo pecado, **livrai-nos, Senhor**.

De todo mal,
Da condenação eterna,
Cordeiro de Deus, que tirais o pecado do mundo, **perdoai-nos, Senhor**.
Cordeiro de Deus, que tirais o pecado do mundo, **ouvi-nos, Senhor**.
Cordeiro de Deus, que tirais o pecado do mundo, **tende piedade nós**.
Rogai por nós, ó Santa Catarina, **para que sejamos dignos das promessas de Cristo**.

Oremos: Senhor, nosso Deus, nas tribulações vós nos revelais o poder de vossa misericórdia. De vós, Santa Catarina recebeu a graça de suportar o martírio. De vós nos venha também a força de confiar em vosso auxílio em todas as necessidades. Isso vos pedimos por Jesus Cristo. Amém.

– Deus, que é nossa salvação, nos abençoe, faça brilhar sobre nós sua paz, agora e sempre. Em nome do Pai, do Filho e do Espírito Santo. Amém!

1º dia

Santa Catarina, força de fé, esperança e amor

1. Oração inicial *(p. 7)*

2. Invocação própria do dia
Ó virtuosa mártir, Santa Catarina, vós permanecestes até a morte constante na fé, na esperança e no amor de Deus e do próximo. Intercedei por nós e obtende-nos a graça de perseverar na prática de boas obras até que, passando desta vida, possamos ser admitidos no Reino Eterno, por Cristo, Senhor nosso. Amém. *(Acender a 1ª vela da novena.)*

3. Salmo 25(26)
Confiando no Senhor, não vacilei.
– E não quero associar-me aos impostores; eu detesto a companhia dos malvados, e com os ímpios não desejo reunir-me.

– Eis que lavo minhas mãos como inocente, e caminho ao redor de vosso altar, celebrando em alta voz vosso louvor, e vossas maravilhas proclamando. Senhor, eu amo a casa onde habitais. E o lugar em que reside vossa glória.

– Não junteis minha alma à dos malvados, nem minha vida à dos homens sanguinários; eles têm suas mãos cheias de crime; sua direita está repleta de suborno.

– Eu, porém, vou caminhando na inocência; libertai-me, ó Senhor, tende piedade! Está firme meu pé na estrada certa; ao Senhor eu bendirei nas assembleias.

– *Glória ao Pai...*

4. Rezando e pedindo a graça

Ó Deus, entre outros milagres de vosso poder, concedei-nos a graça que tanto necessitamos *(pede-se a graça...)*, e vós, que destes a Santa Catarina a glória do martírio, concedei-nos propício que, por sua intercessão, caminhemos para vós segundo seu exemplo de amor e fidelidade, por Cristo, Senhor nosso. Amém.

(Rezar 1 Pai-nosso e 10 Ave-Marias)

5. Ladainha e oração final *(p. 8)*

2º dia

Santa Catarina, fidelidade a Jesus Cristo

1. Oração inicial *(p. 7)*

2. Invocação própria do dia
Ó corajosa virgem, Santa Catarina, que generosamente suportastes com firmeza e por amor a Cristo o sofrimento e as afrontas, pedi a Deus por nós, a fim de que recebamos com fé as provações de toda sorte que caírem sobre nós, para que nossa fé seja purificada, por Cristo, Senhor nosso. Amém. *(Acender a 2ª vela da novena.)*

3. Salmo 85(86)
Por vosso nome, salvai-me, Senhor! Por vossa força, meu Deus, libertai-me!
– Inclinai, ó Senhor, vosso ouvido, escutai, pois sou pobre e infeliz! Protegei-me, que sou vosso amigo, que espera e confia em vós!

– Piedade de mim, ó Senhor, porque clamo por vós todo dia! Animai e alegrai vosso servo, pois a vós eu elevo minha alma.

– As nações que criastes virão adorar e louvar vosso nome. Sois tão grande e fazeis maravilhas: vós somente sois Deus e Senhor!

– Dou-vos graças com toda a minha alma, sem cessar louvarei vosso nome! Vosso amor para mim foi imenso, retirai-me do abismo da morte!

– Contra mim se levantam soberbos, e malvados me querem matar; não vos levam em conta, Senhor!

– Concedei-me um sinal que me prove a verdade de vosso amor. Inimigo humilhado verá que me destes ajuda e consolo.

– *Glória ao Pai...*

4. Rezando e pedindo a graça

Ó Deus, entre outros milagres de vosso poder, concedei-nos a graça que tanto necessitamos (*pede-se a graça...*), e vós, que destes a Santa Catarina a glória do martírio, concedei-nos propício que, por sua intercessão, caminhemos para vós segundo seu exemplo de amor e fidelidade, por Cristo, Senhor nosso. Amém.

(Rezar 1 Pai-nosso e 10 Ave-Marias)

5. Ladainha e oração final *(p. 8)*

3º dia

Santa Catarina, consagrada ao Senhor

1. Oração inicial *(p. 7)*

2. Invocação própria do dia
Ó gloriosa Santa Catarina, desde a juventude vos consagrastes exclusivamente a Jesus Cristo; vós o amastes sobre todas as coisas e de todo o coração, e nada vos pôde separar dele. Intercedei por nós a fim de que, pelo amor fiel, nos unamos a Jesus Cristo, nosso Salvador. Por vosso amor renunciemos a todo pecado e em tudo sejamos conformes à vontade salvífica de nosso Deus, por Jesus Cristo, seu Filho, na unidade do Espírito Santo. Amém. *(Acender a 3ª vela da novena.)*

3. Salmo 11(12)
As palavras do Senhor são verdadeiras, como a prata depurada pelo fogo.

– Senhor, salvai-nos! Já não há um homem bom! Não há mais felicidade em meio aos homens! Cada um só diz mentiras a seu próximo, com língua falsa e coração enganador.

– Senhor, calai todas as bocas mentirosas. E a língua dos que falam com soberba, dos que dizem: "Nossa língua é nossa força! Nossos lábios são por nós! — quem nos domina?"

– "Por causa da aflição dos pequeninos, do clamor dos infelizes e dos pobres, agora mesmo me erguerei, diz o Senhor, e darei a salvação aos que a desejam!"

– As palavras do Senhor são verdadeiras, como a prata totalmente depurada, sete vezes depurada pelo fogo.

– Vós, porém, ó Senhor, as guardareis para sempre, nos livrando desta raça! Em toda parte os malvados andam soltos, porque se exalta entre os homens a baixeza.

– *Glória ao Pai...*

4. Rezando e pedindo a graça
Ó Deus, entre outros milagres de vosso poder, concedei-nos a graça que tanto necessita-

mos *(pede-se a graça...)*, e que destes a Santa Catarina a glória do martírio, concedei-nos propício que, por sua intercessão, caminhemos para vós segundo seu exemplo de amor e fidelidade, por Cristo Senhor nosso. Amém.
(Rezar 1 Pai-nosso e 10 Ave-Marias)

5. Ladainha e oração final *(p. 8)*

4º dia

Santa Catarina, confessora da Fé

1. Oração inicial *(p. 7)*

2. Invocação própria do dia
Ó mártir, Santa Catarina, fostes inabalável e firme em vossa fé. Corajosa e heroicamente a confessastes diante do imperador pagão, selando-a com vosso sangue. Intercedei por nós para que tenhamos a felicidade de viver a verdadeira fé e de nela perseverarmos. E que assim possamos permanecer fiéis à Igreja, dando testemunho, por palavras e ações, daquilo que cremos. Por Cristo, Senhor nosso. Amém. *(Acender a 4ª vela da novena.)*

3. Salmo 33(34)
Contemplai o Senhor e haveis de alegrar-vos.
– Bendizei o Senhor Deus em todo o tempo, seu louvor estará sempre em minha boca. Minha alma se gloria no Senhor; que ouçam os humildes e se alegrem!

– Comigo engrandecei ao Senhor Deus, exaltemos todos juntos o seu nome! Todas as vezes que o busquei, ele me ouviu, e de todos os temores me livrou.

– Contemplai sua face e alegrai-vos, e vosso rosto não se cubra de vergonha! Este infeliz gritou a Deus, e foi ouvido, e o Senhor o libertou de toda angústia.

– O anjo do Senhor vem acampar ao redor dos que o temem, e os salva. Provai e vede quão suave é o Senhor! Feliz o homem que tem nele seu refúgio!

– *Glória ao Pai...*

4. Rezando e pedindo a graça

Ó Deus, entre outros milagres de vosso poder, concedei-nos a graça que tanto necessitamos *(pede-se a graça...)*, e vós, que destes a Santa Catarina a glória do martírio, concedei-nos propício que, por sua intercessão, caminhemos para vós segundo seu exemplo de amor e fidelidade, por Cristo, Senhor nosso. Amém.

(Rezar 1 Pai-nosso e 10 Ave-Marias)

5. Ladainha e oração final *(p. 8)*

5º dia

Santa Catarina, virgem prudente

1. Oração inicial *(p. 7)*

2. Invocação própria do dia
Ó virgem, Santa Catarina, por amor a Cristo conservastes a pureza do corpo e do espírito e renunciastes a qualquer outro valor. Intercedei por nós para que nossos pensamentos, nossos olhos, nosso coração e todo o nosso ser sejam purificados de toda maldade a fim de que, por meio de uma vida casta, testemunhemos a todos o amor de nosso Deus. Amém. *(Acender a 5ª vela da novena.)*

3. Salmo 19(20)
Ó Senhor, exaltai vosso ungido!
– Que o Senhor te escute no dia da aflição, e o Deus de Jacó te proteja por seu nome! Que seu santuário te envie seu auxílio, e te proteja do alto, do Monte de Sião!

– Que de todos os teus sacrifícios se recorde! E teus holocaustos aceite com agrado! Atenda os desejos que tens no coração; plenamente ele cumpra as tuas esperanças!
– Com vossa vitória então exultaremos, levando as bandeiras em nome do Senhor, que o Senhor te escute e atenda teus pedidos!
– *Glória ao Pai...*

4. Rezando e pedindo a graça
Ó Deus, entre outros milagres de vosso poder, concedei-nos a graça que tanto necessitamos *(pede-se a graça...)*, e vós, que destes a Santa Catarina a glória do martírio, concedei-nos propício que, por sua intercessão, caminhemos para vós segundo seu exemplo de amor e fidelidade, por Cristo, Senhor nosso. Amém.
(Rezar 1 Pai-nosso e 10 Ave-Marias)

5. Ladainha e oração final *(p. 8)*

6º dia

Santa Catarina, discípula do Senhor

1. Oração inicial *(p. 7)*

2. Invocação própria do dia
Ó Santa Catarina, verdadeira discípula de Jesus Cristo, na escola da cruz conhecestes as vaidades do mundo, renunciastes a suas alegrias e encantos. Por amor a Jesus suportastes alegre todos os sofrimentos e o martírio. Nós temos medo da nossa hora e constantemente resistimos ao sofrimento. Intercedei por nós para que tenhamos coragem de seguir Jesus Cristo no caminho do Calvário, completando em nossa carne o que falta à sua paixão, para que conheçamos em nossa vida sua ressurreição. Amém. *(Acender a 6ª vela da novena.)*

3. Salmo 60(61)
Quando em mim o coração desfalecia, conduziste-me às alturas do rochedo.

– Escutai, ó meu Senhor Deus, minha oração, atendei à minha prece, ao meu clamor! Dos confins do universo a vós eu clamo, e em mim o coração já desfalece.

– Conduzi-me às alturas do rochedo, e deixai-me descansar nesse lugar! Porque sois meu refúgio e fortaleza, torre forte na presença do inimigo.

– Quem me dera morar sempre em vossa casa, e abrigar-me à proteção de vossas asas! Pois ouvistes, ó Senhor, minhas promessas, e me fizestes tomar parte em vossa herança.

– *Glória ao Pai...*

4. Rezando e pedindo a graça

Ó Deus, entre outros milagres de vosso poder, concedei-nos a graça que tanto necessitamos *(pede-se a graça...)*, e vós, que destes a Santa Catarina a glória do martírio, concedei-nos propício que, por sua intercessão, caminhemos para vós segundo seu exemplo de amor e fidelidade, por Cristo, Senhor nosso. Amém.

(Rezar 1 Pai-nosso e 10 Ave-Marias)

5. Ladainha e oração final *(p. 8)*

7º dia

Santa Catarina, sinceridade de vida

1. Oração inicial *(p. 7)*

2. Invocação própria do dia
Ó heroica Santa Catarina, vós, com a graça de Deus, soubestes resistir a tantas palavras e situações sedutoras e fostes perseverante até o martírio. Rogai a Deus por nós para que nosso sim seja sim; e o nosso não seja não; a fim de que por palavras e obras permaneçamos fiéis à vocação para a qual fomos chamados, por Cristo, Senhor nosso. Amém. *(Acender a 7ª vela da novena.)*

3. Salmo 36(37)
Confia ao Senhor teu destino; confia nele e com certeza ele agirá.
– Confia no Senhor e faze o bem, e sobre a terra habitarás em segurança. Coloca no Senhor tua alegria, e ele dará o que pedir teu coração.

– Deixa aos cuidados do Senhor teu destino; confia nele, e com certeza ele agirá. Fará brilhar tua inocência como a luz, e teu direito, como o sol do meio-dia.
– *Glória ao Pai...*

4. Rezando e pedindo a graça
Ó Deus, entre outros milagres de vosso poder, concedei-nos a graça que tanto necessitamos *(pede-se a graça...)*, e vós, que destes a Santa Catarina a glória do martírio, concedei-nos propício que, por sua intercessão, caminhemos para vós segundo seu exemplo de amor e fidelidade, por Cristo, Senhor nosso. Amém.
(Rezar 1 Pai-nosso e 10 Ave-Marias)

5. Ladainha e oração final *(p. 8)*

8º dia

Santa Catarina, riqueza de Deus

1. Oração inicial *(p. 7)*

2. Invocação própria do dia
Ó Santa Catarina, virgem prudente e sábia, crescestes em um ambiente de honrarias e riquezas. À luz do Evangelho do Senhor soubestes discernir os verdadeiros valores de nossa existência e conquistastes a alegria de possuir o supremo bem. Intercedei por nós, a fim de que não nos deixemos ofuscar pelo falso brilho do poder e da riqueza, mas com um coração de pobre encontremos o tesouro do reino do céu, por Cristo, Senhor nosso. Amém. *(Acender a 8ª vela da novena.)*

3. Salmo 117(118)
Bendito o que vem em nome do Senhor! Aleluia...
– Em minha angústia eu clamei pelo Senhor, e o Senhor me atendeu e libertou! O Senhor está

comigo, nada temo; que pode contra mim um ser humano? O Senhor está comigo, é meu auxílio, hei de ver meus inimigos humilhados.

– Povos pagãos me rodearam todos eles, mas em nome do Senhor os derrotei; de todo lado todos eles me cercaram, mas em nome do Senhor os derrotei; como um enxame de abelhas me atacaram, como um fogo de espinhos me queimaram, mas em nome do Senhor os derrotei.

– Ó Senhor, dai-nos vossa salvação, ó Senhor, dai-nos também prosperidade! Bendito seja, em nome do Senhor, aquele que em seus átrios vai entrando! Desta casa do Senhor vos bendizemos. Que o Senhor e nosso Deus nos ilumine!

– *Glória ao Pai...*

4. Rezando e pedindo a graça

Ó Deus, entre outros milagres de vosso poder, concedei-nos a graça que tanto necessitamos *(pede-se a graça...)*, e vós, que destes a Santa Catarina a glória do martírio, concedei-nos propício que, por sua intercessão, caminhemos para vós segundo seu exemplo de amor e fidelidade, por Cristo, Senhor nosso. Amém.

(Rezar 1 Pai-nosso e 10 Ave-Marias)

5. Ladainha e oração final *(p. 8)*

9º dia
Santa Catarina, mulher da oração

1. Oração inicial *(p. 7)*

2. Invocação própria do dia
Ó mártir Santa Catarina, na oração encontrastes o alimento de vossa fé e a coragem de caminhar na fidelidade de vossa consagração a Jesus Cristo. Vencestes as tentações e sofrestes o mistério. Rogai a Deus por nós para que sejamos dóceis ao espírito que nos foi dado para manifestarmos toda a verdade e, guardando sua Palavra em nosso coração, possamos viver a vida de verdadeiros filhos de Deus, por Cristo, Senhor nosso. Amém. *(Acender a 9ª vela da novena.)*

3. Salmo 99(100)
O Senhor, somente ele é nosso Deus, e nós somos seu povo e seu rebanho.
– Aclamai o Senhor, ó terra inteira, servi ao Senhor com alegria, ide a ele cantando jubilosos!

– Sabei que o Senhor, só ele, é Deus, ele mesmo nos fez, e somos seus, nós somos seu povo, seu rebanho.

– Entrai por suas portas dando graças, e em seus átrios com hinos de louvor; dai-lhes graças, seu nome bendizei!

– Sim, é bom o Senhor e nosso Deus, sua bondade perdura para sempre; seu amor é fiel eternamente!

– *Glória ao Pai...*

4. Rezando e pedindo a graça

Ó Deus, entre outros milagres de vosso poder, concedei-nos a graça que tanto necessitamos *(pede-se a graça...)*, e vós, que destes a Santa Catarina a glória do martírio, concedei-nos propício que, por sua intercessão, caminhemos para vós segundo seu exemplo de amor e fidelidade, por Cristo, Senhor nosso. Amém.

(Rezar 1 Pai-nosso e 10 Ave-Marias)

5. Ladainha e oração final *(p. 8)*

A marca FSC® é a garantia de que a madeira utilizada na fabricação do papel deste livro provém de florestas que foram gerenciadas de maneira ambientalmente correta, socialmente justa e economicamente viável.

Este livro foi composto com as famílias tipográficas Bellevue e Calibri
e impresso em papel Offset 75g/m² pela **Gráfica Santuário.**